읽으면서
바로 써먹는

어린이
속담

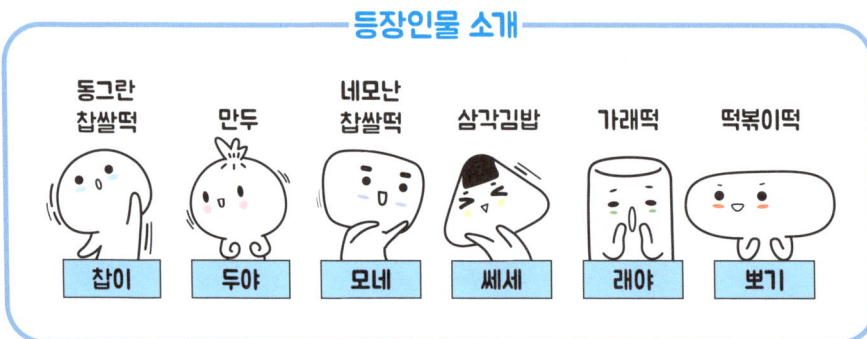

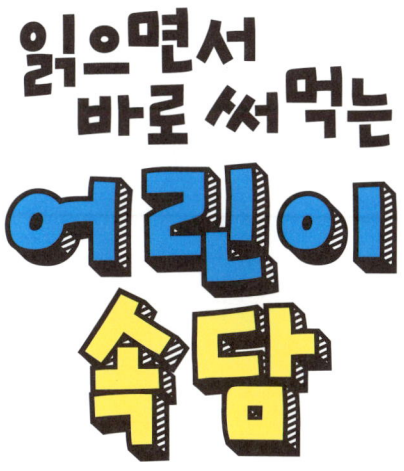

읽으면서 바로 써먹는 어린이 속담

글·그림 한날

작/가/의/말

    기분 좋은 봄 향기가 다가올 무렵, 설렘 반 두려움 반으로 첫 펜을 들었습니다. 아이들에게 유익한 속담을 쉽고 재미있게 알려 주기 위한 작업이었습니다.

    작업을 시작하기 전, 속담에 대해 찾아보았습니다. 교훈이나 풍자를 위해 어떤 사실을 비유의 방법으로 서술하는 관용 어구로, 조상들의 지혜가 가득 담겨 있는 표현이라는 사전적인 의미를 담고 있었습니다.

    우리 아이들은 속담에 대해 얼마나 정확하게 알고 있을까요? 사실 속담은 아이들뿐만 아니라 어른들도 실생활에 많이 사용하고 있지만 막상 정확한 뜻을 이야기하라면 멈칫하게 됩니다.

    이번 작업을 하면서 저 역시 많이 놀랐습니다. 나름 많은 속담을 알고 있다고 생각했었는데, 막상 작업을 하면서 내가 몰랐던 속담들, 뜻을 잘못 알고 있었던 속담들이 생각보다 많았습니다. 그래서 힘을 냈습니다. 아이들에게 속담에 대한 정확한 의미를 전달해야 한다는 나름의 의무감이 생겼습니다.

    아이들을 위한 책은 유익해야 하는 것은 물론이고, 아이들의 호기심을 자극해 손에서 책을 놓지 않도록 재미있어야 한다고 생각합니다. 저는 〈인생다반사〉라는 웹툰으로 꾸준히 그림을 그리고 있는 웹툰 작가입니다. 제 웹툰에 등장하는 캐릭터들로 속담의 뜻을 설명하면 아이들은

깔깔대고 웃는 동안 속담의 의미를 정확하게 이해할 수 있을 거라고 생각했습니다.

　열심히 작업했습니다. 아이들의 웃음 코드를 맞추기 위해 캐릭터의 동작을 이렇게 해야 맞는 건지, 아니면 또 다른 더 어울리는 동작이 있는지, 어떤 표정이 더 어울리는지, 좀 더 속담의 풀이를 재미있게 할 수 있는 이야기는 없는지 고민의 고민을 거듭했습니다. 천 리 길도 한 걸음부터라고 했습니다. 이 책을 따라 속담을 하나하나 익히다 보면 속담왕이 부럽지 않을 날이 올 겁니다.

　웹툰을 그리든 한 권의 책을 완성하든 언제나 어려움은 존재합니다. 하지만 어려움만 있고 즐거움이 없다면 작업을 완성하지 못했을 겁니다. 즐거움이란 감정은 힘을 주고 기쁨을 전해 줍니다. 덕분에 끝까지 힘을 낼 수 있었고, 많은 아이가 속담에 대해 더 많이 알았으면 좋겠다는 생각으로 이렇게 책이 완성되었습니다. 아무쪼록 자라나는 어린 친구들 모두 즐겁게 볼 수 있는 책이었으면 합니다. 고리타분한 속담이 아니라 재미있는 속담이 되길 바라는 마음입니다.

한날

차/례

ㄱ

- 01 가는 날이 장날 ··················· 14
- 02 가는 말이 고와야 오는 말이 곱다 ··· 16
- 03 가랑비에 옷 젖는 줄 모른다 ········ 18
- 04 가재는 게 편 ······················ 20
- 05 가지 많은 나무에 바람 잘 날 없다 ··· 22
- 06 간에 붙었다 쓸개에 붙었다 한다 ···· 24
- 07 같은 값이면 다홍치마 ············· 26
- 08 개구리 올챙이 적 생각 못 한다 ····· 28
- 09 개똥도 약에 쓰려면 없다 ·········· 30
- 10 고래 싸움에 새우 등 터진다 ········ 32
- 11 고생 끝에 낙이 온다 ··············· 34
- 12 고양이 목에 방울 달기 ············ 36
- 13 공든 탑이 무너지랴 ··············· 38
- 14 구슬이 서 말이라도 꿰어야 보배 ···· 40
- 15 굼벵이도 구르는 재주가 있다 ······ 42
- 16 금강산도 식후경 ·················· 44
- 17 까마귀 날자 배 떨어진다 ·········· 46
- 18 꿩 먹고 알 먹기 ··················· 48

ㄴㄷ

- 19 남의 손의 떡은 커 보인다 ·········· 52
- 20 남의 잔치에 감 놓아라 배 놓아라 한다 ··· 54
- 21 낫 놓고 기역 자도 모른다 ·········· 56
- 22 낮말은 새가 듣고 밤말은 쥐가 듣는다 ··· 58
- 23 내 코가 석 자 ····················· 60
- 24 누워서 침 뱉기 ···················· 62
- 25 다 된 죽에 코 빠졌다 ·············· 64
- 26 달도 차면 기운다 ················· 66
- 27 달면 삼키고 쓰면 뱉는다 ·········· 68
- 28 닭 잡아먹고 오리 발 내놓기 ········ 70
- 29 닭 쫓던 개 지붕 쳐다보듯 ·········· 72
- 30 도둑이 제 발 저리다 ··············· 74
- 31 돌다리도 두들겨 보고 건너라 ······ 76
- 32 되로 주고 말로 받는다 ············ 78
- 33 될성부른 나무는 떡잎부터 알아본다 ··· 80
- 34 등잔 밑이 어둡다 ················· 82
- 35 떡 줄 사람은 꿈도 안 꾸는데 김칫국부터 마신다 · 84
- 36 똥 묻은 개가 겨 묻은 개 나무란다 ··· 86
- 37 뛰는 놈 위에 나는 놈 있다 ········· 88

ㅁㅂ

38 마른하늘에 날벼락 ········· 92
39 말이 씨가 된다 ············· 94
40 말 한마디에 천 냥 빚도 갚는다 ······· 96
41 모르면 약이요 아는 게 병 ········ 98
42 목마른 놈이 우물 판다 ········ 100
43 못 먹는 감 찔러나 본다 ········ 102
44 무쇠도 갈면 바늘 된다 ········ 104
45 물에 빠진 놈 건져 놓으니까 내 봇짐 내라 한다 · 106
46 미꾸라지 한 마리가 온 웅덩이를 흐려 놓는다 · 108
47 미운 아이 떡 하나 더 준다 ······· 110
48 믿는 도끼에 발등 찍힌다 ······· 112
49 밑 빠진 독에 물 붓기 ········· 114
50 바늘 가는 데 실 간다 ········· 116
51 바늘 도둑이 소도둑 된다 ······· 118
52 발 없는 말이 천 리 간다 ········ 120
53 방귀 뀐 놈이 성낸다 ········· 122
54 배보다 배꼽이 더 크다 ········ 124
55 백지장도 맞들면 낫다 ········ 126
56 벼 이삭은 익을수록 고개를 숙인다 ···· 128
57 벼룩도 낯짝이 있다 ·········· 130
58 병 주고 약 준다 ············ 132
59 보고 못 먹는 것은 그림의 떡 ······ 134
60 빈 수레가 요란하다 ·········· 136
61 빛 좋은 개살구 ············ 138

ㅅㅇ

62 사공이 많으면 배가 산으로 간다 ····· 142
63 서당 개 삼 년에 풍월을 읊는다 ····· 144
64 세 살 적 버릇이 여든까지 간다 ····· 146
65 소 잃고 외양간 고친다 ········ 148
66 쇠귀에 경 읽기 ············ 150
67 쇠뿔도 단김에 빼랬다 ········· 152
68 수박 겉 핥기 ············· 154
69 숭어가 뛰니까 망둥이도 뛴다 ······ 156
70 식은 죽도 불어 가며 먹어라 ······ 158
71 신선놀음에 도낏자루 썩는 줄 모른다 ·· 160
72 아니 땐 굴뚝에 연기 날까 ······· 162
73 아닌 밤중에 홍두깨 ·········· 164
74 어물전 망신은 꼴뚜기가 시킨다 ····· 166
75 언 발에 오줌 누기 ··········· 168
76 열 번 찍어 아니 넘어가는 나무 없다 ·· 170
77 오르지 못할 나무는 쳐다보지도 마라 ·· 172
78 우물 안 개구리 ············ 174
79 우물을 파도 한 우물을 파라 ······ 176
80 원수는 외나무다리에서 만난다 ····· 178
81 원숭이도 나무에서 떨어진다 ······ 180
82 윗물이 맑아야 아랫물이 맑다 ······ 182
83 입에 쓴 약이 병을 고친다 ······· 184

ㅈ ㅊ ㅋ ㅌ ㅎ

84 자라 보고 놀란 가슴 솥뚜껑 보고 놀란다 · 188
85 작은 고추가 더 맵다 ····· 190
86 재주는 곰이 넘고 돈은 주인이 받는다 ····· 192
87 쥐구멍에도 볕 들 날 있다 ····· 194
88 지렁이도 밟으면 꿈틀한다 ····· 196
89 짚신도 제짝이 있다 ····· 198
90 참새가 방앗간을 그저 지나랴 ····· 200
91 천 리 길도 한 걸음부터 ····· 202
92 콩 심은 데 콩 나고 팥 심은 데 팥 난다 ····· 204
93 콩으로 메주를 쑨다 하여도 곧이듣지 않는다 · 206
94 티끌 모아 태산 ····· 208
95 하늘이 무너져도 솟아날 구멍이 있다 ····· 210
96 하룻강아지 범 무서운 줄 모른다 ····· 212
97 호랑이도 제 말 하면 온다 ····· 214
98 호미로 막을 것을 가래로 막는다 ····· 216
99 호박이 넝쿨째로 굴러떨어졌다 ····· 218
100 황소 뒷걸음치다 쥐 잡는다 ····· 220

여기서 잠깐!

여러분은 속담을 얼마나 많이, 얼마나 정확하게 알고 있나요?
사실 많이 알고 있는 것 같지만, 막상 뜻을 설명하라고 하면 잘못 이야기하는 경우가 많아요. 그래서 정확한 속담의 의미를 아는 것이 중요해요.

1. 속담을 왜 알아야 하냐고요?

＊ 조상들의 지혜와 슬기를 배워요.
속담은 예로부터 전해지는 쉬운 격언으로, 조상들의 지혜가 담긴 표현이에요. 주로 민중들이 쓰던 말로, 그 안에 담긴 교훈, 사회 비판과 풍자 등을 함께 익히면서 조상들의 슬기를 배울 수 있어요.

＊ 어휘력·표현력을 확장하고 언어적 유창성을 키워요.
속담은 짧은 글 안에 담긴 비유와 은유로 생활과 삶의 모든 것을 표현해요. 그래서 속담을 많이 알수록 어휘력이 좋아진다고 하는 거예요.
또 속담을 적절하게 활용하면 내가 말하려는 내용의 표현을 더욱 풍부하게 할 수 있어요.

2. 이렇게 읽으면 나도 속담왕

첫째, 풀이를 읽기 전에 속담만 읽고 어떤 의미일지 생각해 봐요.
둘째, 내가 생각한 의미가 맞는지 속담 풀이 내용을 확인해요.
셋째, 귀여운 캐릭터 아이들의 실생활 속담 이야기를 읽어요.
넷째, 마지막 페이지를 넘기는 순간 여러분은 이미 속담왕!

01 가는 날이 장날
02 가는 말이 고와야 오는 말이 곱다
03 가랑비에 옷 젖는 줄 모른다
04 가재는 게 편
05 가지 많은 나무에 바람 잘 날 없다
06 간에 붙었다 쓸개에 붙었다 한다
07 같은 값이면 다홍치마
08 개구리 올챙이 적 생각 못 한다
09 개똥도 약에 쓰려면 없다
10 고래 싸움에 새우 등 터진다
11 고생 끝에 낙이 온다
12 고양이 목에 방울 달기
13 공든 탑이 무너지랴
14 구슬이 서 말이라도 꿰어야 보배
15 굼벵이도 구르는 재주가 있다
16 금강산도 식후경
17 까마귀 날자 배 떨어진다
18 꿩 먹고 알 먹기

01 가는 날이 장날

일을 보러 가니 공교롭게 장이 서는 날이라는 뜻으로, 어떤 일을 하려는데 생기지 못한 일이 생기는 상황을 비유한 말이에요. '죽은 사람을 장사 지내는 날'인 '장날'이 '장이 서는 날'로 의미가 바뀌었어요.

비슷한 속담 가는 날이 생일, 오는 날이 장날

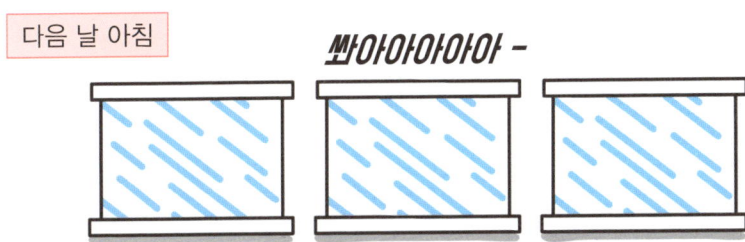

02 가는 말이 고와야 오는 말이 곱다

내가 친구에게 밉게 행동하는데, 친구가 나한테 기분 좋게 대하겠어요? 내가 남에게 말이나 행동을 좋게 해야 남도 나에게 좋게 한다는 뜻으로, 베푸는 대로 돌아온다는 당연하지만 중요한 진리를 일깨워 주는 속담이에요.

비슷한 속담 가는 정이 있어야 오는 정이 있다, 엑 하면 떡 한다

03 가랑비에 옷 젖는 줄 모른다

가늘고 길게 내리는 가랑비를 맞으면 조금씩 젖어들어 젖는 줄 모르다가 어느 순간 흠뻑 젖는다는 뜻으로, 사소한 것이라도 거듭되면 무시하지 못할 정도로 크게 됨을 비유하는 말이에요. 주로 나쁜 습관에 사용해요.

아직 자고 있네.

쎄쎄야, 빨리 일어나! 학교 늦겠어!

흠냐. 5분만 더 잘래.

그럼 딱 5분만이야.

……

5분 지났어. 이제 일어나.

흠냐 흠냐. 3분만 더….

04 가재는 게 편

가재와 게처럼 생김새나 상황이 비슷한 것끼리 어울리며 서로 감싸 주는 것을 비유하는 말로, '끼리끼리 어울린다'라고도 해요. 옳고 그름을 따지는 게 아니라 친하다는 이유로 무조건 편을 들어 주는 잘못된 상황에 쓰이는 말이에요.

수업 끝났다!!

우리 축구 한 판하고 가자.

축구?

하자! 딱 한 판만. 응?

흠….

안 돼. 숙제 먼저 해야 해.

우리 반 1등

뒤도 안 돌아보고 가네.

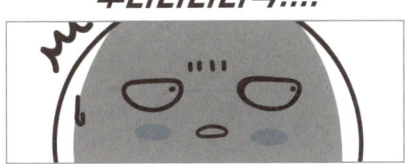

05 가지 많은 나무에 바람 잘 날 없다

가지가 많고 잎이 무성한 나무는 살랑거리는 작은 바람에도 흔들려서 잠시도 조용한 날이 없지요. 이렇듯 자식이 많은 부모는 걱정이 끊일 날이 없고, 할 일이 많아 편한 날이 없음을 비유하는 말이에요.

06 간에 붙었다 쓸개에 붙었다 한다

간과 쓸개는 바로 위아래에 붙어 있고, 간에서 쓸개즙을 만들기 때문에 매우 가까운 사이예요. 이처럼 가까운 사이를 오가며 지조 없이 조금이라도 자신에게 이익이 되는 쪽에 아부한다는 뜻이에요.

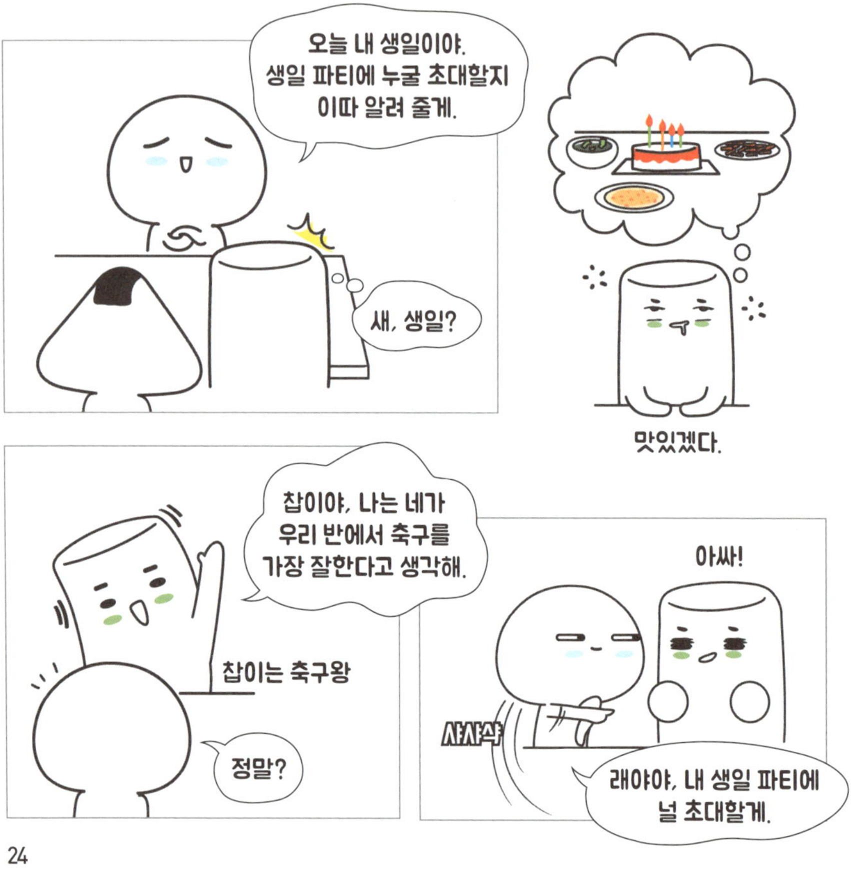

07 같은 값이면 다홍치마

옛날에는 왕족 여인들만 짙은 붉은색의 다홍치마를 입을 수 있었어요. 평민 여성들은 평생 딱 한 번 결혼할 때만 입을 수 있었지요. 그래서 귀하고 고운 다홍치마처럼 값이 비슷하다면 모양이나 품질이 좋은 것을 선택한다는 뜻이에요.

08 개구리 올챙이 적 생각 못 한다

형편이나 사정이 전에 비하여 나아진 사람이 지난날 어렵던 때를 생각지 못하고 처음부터 잘난 듯이 뽐냄을 이르는 말이에요. 올챙이였던 자신의 과거를 기억하지 못하고 물과 육지를 오가며 올챙이를 놀리고 있는 개구리를 비유하는 속담이에요.

09 개똥도 약에 쓰려면 없다

옛날에는 동물의 똥을 거름으로 썼는데, 개는 소화력이 좋아 똥에 영양분이 남아 있지 않아 거름으로도 쓰이지 못하고 흔하게 널려 있었어요. 그런 개똥도 필요할 때는 없다는 말로 평소 흔한 것도 막상 쓰려면 없다는 뜻이에요.

10. 고래 싸움에 새우 등 터진다

몸집이 큰 고래들의 싸움에 새우가 끼어 등이 터져 죽는 상황을 비유한 속담으로, 강한 사람들끼리 싸우는 통에 싸움에 아무 상관도 없는 약한 사람이 중간에 끼어 괜한 피해를 본다는 뜻이에요.

반대 속담 새우 싸움에 고래 등 터진다

11 고생 끝에 낙이 온다

어려운 일이나 힘든 일을 겪은 뒤에는 반드시 즐겁고 좋은 일이 생긴다는 긍정적인 속담이에요. 아무리 힘들어도 포기하거나 좌설하지 않고 열심히 노력하면 고생한 만큼의 대가를 얻을 수 있어요.

비슷한 속담 태산을 넘으면 평지를 본다   **사자성어** 고진감래

12 고양이 목에 방울 달기

쥐들은 고양이 목에 방울을 달면 방울 소리를 듣고 고양이로부터 미리 도망칠 수 있다고 생각했어요. 하지만 방울을 달겠다고 아무도 나서지 않았지요. 이처럼 실행하기 어려운 일을 두고 실행하지는 않고 의논만 한다는 뜻이에요.

사자성어 탁상공론

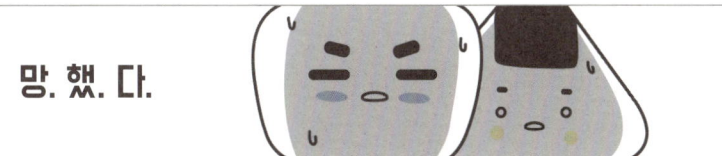

13 공든 탑이 무너지랴

정성 들여 차곡차곡 쌓은 탑은 그만큼 견고하기 때문에 쉽게 무너지지 않아요. 이처럼 정성을 다한 일은 그 결과가 반드시 헛되지 않음을 비유하는 말로, 최선을 다해 열심히 하면 분명 그에 상응하는 결과가 있다는 뜻이에요.

끄~~응

어라, 찹이다.

다음 주 오래 매달리기 시험 때문에 연습하나 보네.

찹이는 운동 신경이 없어서 저렇게 연습해도 꼴찌 할걸?

후훗, 우리는 쉬엄쉬엄해도 이기겠군.

14 구슬이 서 말이라도 꿰어야 보배

한 알 한 알의 구슬을 잘 꿰어야 예쁜 액세서리가 되는 것처럼 아무리 훌륭하고 좋은 것이라도 쓸모 있게 만들어야 값어치가 있다는 뜻이에요. 재능이 뛰어나도 노력하지 않으면 쓸모가 없으니 정성을 다해 가치 있게 만들어야 함을 의미해요.

15 굼벵이도 구르는 재주가 있다

짧고 뚱뚱한 굼벵이는 잘 움직이지 못해요. 그래서 행동이 느린 사람을 굼벵이라고 하지요. 그런 굼벵이지만 데굴데굴 잘 구르는 재주가 있어요. 비록 굼벵이처럼 느리고 못난 사람이라도 분명 잘하는 한 가지 재주는 꼭 있다는 뜻이에요.

16 금강산도 식후경

배가 고픈데 멋진 풍경이 무슨 소용이 있겠어요? 아름다운 금강산도 배가 불러야 제대로 구경할 수 있다는 뜻으로, 아무리 재미있는 일이라도 배가 불러야 흥이 나지, 배가 고프면 아무 일도 할 수 없음을 표현하는 말이에요.

17 까마귀 날자 배 떨어진다

내가 한 일이 아닌데 내가 한 일로 오해받을 때가 있어요. 이처럼 무심코 한 일이 공교롭게도 때가 같아 관계가 있는 것처럼 의심을 받는 상황을 이르는 말로, 우연히 동시에 일어난 일로 의심 받는 상황을 이야기해요.

사자성어 오비이락

18 꿩 먹고 알 먹기

꿩이 알을 품을 때 잡으면 꿩도 잡고 품고 있던 알도 얻는다는 의미로, 한 가지 일로 두 가지 이상의 이익을 보게 된다는 뜻이에요.

비슷한 속담 마당 쓸고 엽전 줍고, 도랑 치고 가재 잡고, 누이 좋고 매부 좋고
사자성어 일석이조

19 남의 손의 떡은 커 보인다
20 남의 잔치에 감 놓아라 배 놓아라 한다
21 낫 놓고 기역 자도 모른다
22 낮말은 새가 듣고 밤말은 쥐가 듣는다
23 내 코가 석 자
24 누워서 침 뱉기
25 다 된 죽에 코 빠졌다
26 달도 차면 기운다
27 달면 삼키고 쓰면 뱉는다
28 닭 잡아먹고 오리 발 내놓기

29 닭 쫓던 개 지붕 쳐다보듯
30 도둑이 제 발 저리다
31 돌다리도 두들겨 보고 건너라
32 되로 주고 말로 받는다
33 될성부른 나무는 떡잎부터 알아본다
34 등잔 밑이 어둡다
35 떡 줄 사람은 꿈도 안 꾸는데 김칫국부터 마신다
36 똥 묻은 개가 겨 묻은 개 나무란다
37 뛰는 놈 위에 나는 놈 있다

19 남의 손의 떡은 커 보인다

남의 것이 내 것보다 좋아 보이고, 남의 일이 내 일보다 쉬워 보이는 것을 표현하는 말로, 이런 마음을 갖고 있으면 늘 불만이 생겨요. 내 것에 만족하지 못하고 욕심내는 상황을 비유한 말이에요.

비슷한 속담 남의 밥에 든 콩이 굵어 보인다

20 남의 잔치에 감 놓아라 배 놓아라 한다

남의 잔치에 가서 이래라저래라 하며 자기와 전혀 상관없는 일에 공연히 간섭하고 나섬을 비유적으로 이르는 말이에요. 쓸데없이 남의 일에 참견한다고 해서 '오지랖이 넓다'라고 표현하기도 해요.

비슷한 속담 남의 일에 흥야항야한다

21 낫 놓고 기역 자도 모른다

기역 자 모양으로 생긴 낫을 보면서도 기역 자를 모른다는 뜻이에요. 사실 기역 자가 생각나지 않을 때 기역 자 모양이 낫을 보면 바로 떠올라야 하잖아요. 눈앞에 정답이 있는데 그걸 알지 못하는 무식한 사람을 이르는 말이에요.

비슷한 속담 가갸 뒤 자도 모른다

22. 낮말은 새가 듣고 밤말은 쥐가 듣는다

세상엔 비밀이 없어요. 아무도 없는 것 같지만 어디선가 내 말을 듣는 사람이 있지요. 이 속담은 아무도 없는 곳이라도 말을 조심해야 하고, 비밀스럽게 한 말이라도 언젠가 그 사람의 귀에 들어가게 된다는 뜻으로, 말조심의 중요성을 이야기해요.

23 내 코가 석 자

'자'는 옛날에 길이를 나타내던 단위로, 석 자는 90㎝ 정도 돼요. 내 코가 90㎝인데, 다른 사람을 챙길 여유가 있겠어요? 이처럼 내 사정이 급하고 어려워서 남을 돌볼 여유가 없음을 비유한 속담으로, '발등에 불이 떨어진다'라고도 해요.

24 누워서 침 뱉기

침을 뱉는 행동은 사람을 깔보거나 업신여기는 무례한 행동이에요. 누워서 침을 뱉으면 그 침이 그대로 내 얼굴에 떨어지는 것처럼, 남을 해치려다가 도리어 자기가 해를 입게 된다는 것을 비유하는 속담이에요.

비슷한 속담 하늘 보고 침 뱉기

25 다 된 죽에 코 빠졌다

죽을 만들려면 정성스럽게 오랜 시간 끓여야 해요. 힘들게 만든 죽인데, 마지막에 콧물을 빠뜨리면 어떻게 될까요? 그 죽은 못 먹게 되지요. 이처럼 오랫동안 노력해 완성된 일을 마지막에 실수로 망쳐 버리는 행동을 비유한 속담이에요.

비슷한 속담 다 된 죽에 코 풀기

26. 달도 차면 기운다

보름달은 시간이 지나면서 크기가 작아져 반달이 되었다가 점차 그믐달이 되는 자연의 이치를 사람의 운세에 비유한 속담이에요. 세상 모든 것은 번성하고 쇠하기를 반복하기 마련으로, 행운이 언제까지나 계속되는 것은 아님을 의미해요.

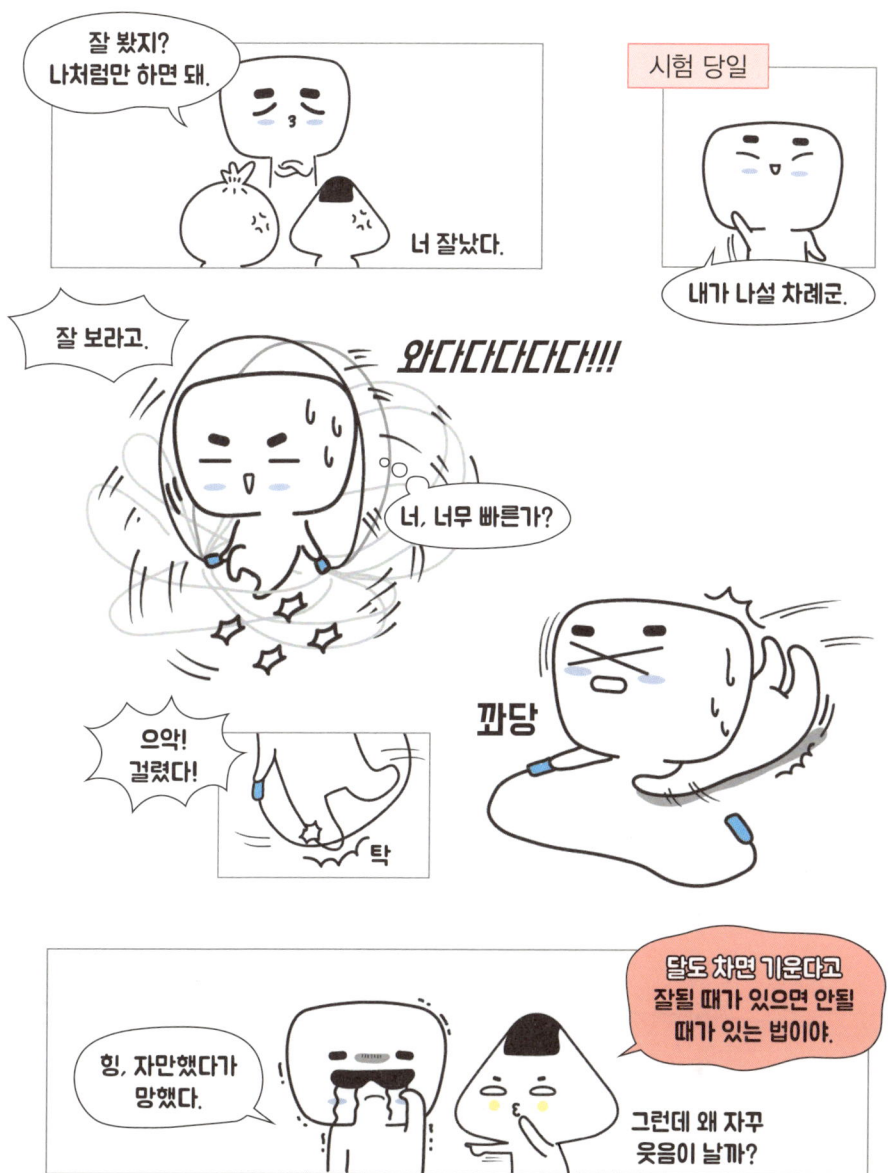

27 달면 삼키고 쓰면 뱉는다

달짝지근하게 맛있는 음식은 많이 먹을 수 있지만, 쓴맛의 음식은 안 먹게 되지요. 이처럼 자기가 좋으면 받아들이고 그렇지 않으면 내친다는 의미로, 옳고 그름이나 신의를 돌보지 않고 자기의 이익만 꾀함을 비유하는 속담이에요.

28 닭 잡아먹고 오리 발 내놓기

남의 집 닭을 몰래 잡아먹고는 자신은 오리를 먹었다면서 오리발을 내밀면 어떻겠어요? 이처럼 옳지 못한 일을 저지르고 엉뚱한 수작으로 속여 넘기려는 상황을 비유하는 속담으로, 자신의 잘못을 인정하지 않고 시치미를 뗄 때 사용해요.

29 닭 쫓던 개 지붕 쳐다보듯

닭이 자신의 밥을 먹어 화가 난 개는 닭에게 달려들었어요. 쫓기던 닭이 지붕으로 올라가자 개가 쫓아 올라가지 못하고 지붕만 쳐다본다는 뜻으로, 애써 하던 일이 실패로 돌아가거나 남보다 뒤떨어져 어찌할 도리가 없음을 의미하는 속담이에요.

30 도둑이 제 발 저리다

긴장하거나 불안할 때, 조마조마할 때 손발이 저려요. 죄를 지은 도둑이 자신의 죄가 드러날까 봐 불안해하다가 결국 자기도 모르게 들키는 상황을 비유한 속담으로, 지은 죄가 있거나 마음에 찔리는 것이 있어 조마조마함을 의미해요.

비슷한 속담 도적은 제 발이 저려서 뛴다

31 돌다리도 두들겨 보고 건너라

나무다리는 쉽게 부러지지만, 돌다리는 튼튼해서 여간해서는 부서질 염려가 없어요. 이렇게 튼튼한 다리도 꼼꼼하게 살펴보라는 이 속담은, 잘 아는 익숙한 일이라도 세심하게 주의하라는 의미를 담고 있어요.

비슷한 속담 아는 길도 물어 가랬다, 얕은 내도 깊게 건너라

32 되로 주고 말로 받는다

'되'와 '말'은 양을 재는 단위로, '한 되'의 열 배가 '한 말'이에요. 원래는 조금 주고 그 대가로 몇 곱절 많이 받는 경우를 의미했지만, 요즘에는 남을 골탕 먹이려다가 자신이 더 크게 당한다는 뜻으로 쓰여요.

비슷한 속담 한 되 주고 한 섬 받는다

33. 될성부른 나무는 떡잎부터 알아본다

떡잎은 처음 나오는 잎으로, 떡잎이 좋아야 잎이 건강하고 무성한 좋은 나무가 돼요. 이렇듯 잘될 사람은 어려서부터 장래성이 엿보인다는 뜻이에요.

비슷한 속담 용 될 고기는 모이 철부터 안다, 푸성귀는 떡잎부터 알고 사람은 어렸을 때부터 안다

34 등잔 밑이 어둡다

등잔에 기름을 붓고 천으로 심지를 만들어 불을 붙인 등잔불은 등잔을 받치는 등잔대 때문에 그림자가 생겨 등잔 밑이 어두웠어요. 등잔불과 가깝지만, 오히려 어둡다는 이 속담은, 가까이 있어 오히려 알기 어렵다는 의미를 담고 있어요.

35 떡 줄 사람은 꿈도 안 꾸는데 김칫국부터 마신다

옛날에는 떡을 먹을 때 목이 메지 않도록 김칫국을 마셨어요. 당연히 떡을 줄 것으로 생각하고 먼저 김칫국부터 마시는 상황을 비유한 속담으로, 해 줄 사람은 생각지도 않는데 미리부터 다 된 일로 알고 행동한다는 뜻을 담고 있어요.

오늘 내 생일이니까 학교 가면 친구들이 깜짝 파티해 주겠지?

생일 축하해!

생일 축하해!

공책은 필요 없고, 새로 나온 필통 줬으면 좋겠다.

히히히히

축구공도 준비했으려나?

36 똥 묻은 개가 겨 묻은 개 나무란다

벗겨낸 곡식의 껍질인 겨보다 똥이 더러운 건 당연한 말씀. 똥 묻은 개가 겨 묻은 개 한테 더럽다고 나무라는 상황을 비유한 속담으로, 자기는 더 큰 흉이 있으면서 도리어 남의 작은 흉을 보며 비웃고 놀린다는 의미예요.

37 뛰는 놈 위에 나는 놈 있다

아무리 빠르게 뛴다 하더라도 하늘을 나는 것보다 빠르지는 않아요. 아무리 재주가 뛰어나더라도 그보다 더 뛰어난 사람이 있다는 뜻으로, 스스로 뽐내며 잘난 척하는 사람을 경계하는 속담이에요. 자만하지 말고 겸손해야 함을 이야기해요.

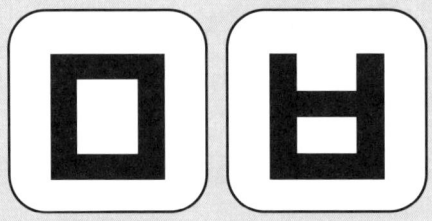

38 마른하늘에 날벼락
39 말이 씨가 된다
40 말 한마디에 천 냥 빚도 갚는다
41 모르면 약이요 아는 게 병
42 목마른 놈이 우물 판다
43 못 먹는 감 찔러나 본다
44 무쇠도 갈면 바늘 된다
45 물에 빠진 놈 건져 놓으니까
   내 봇짐 내라 한다

46 미꾸라지 한 마리가
   온 웅덩이를 흐려 놓는다
47 미운 아이 떡 하나 더 준다
48 믿는 도끼에 발등 찍힌다
49 밑 빠진 독에 물 붓기
50 바늘 가는 데 실 간다
51 바늘 도둑이 소도둑 된다
52 발 없는 말이 천 리 간다
53 방귀 뀐 놈이 성낸다

54 배보다 배꼽이 더 크다
55 백지장도 맞들면 낫다
56 벼 이삭은 익을수록 고개를 숙인다
57 벼룩도 낯짝이 있다
58 병 주고 약 준다
59 보고 못 먹는 것은 그림의 떡
60 빈 수레가 요란하다
61 빛 좋은 개살구

38 마른하늘에 날벼락

맑은 하늘을 보고 벼락이 칠 것을 누가 상상하겠어요? 맑은 하늘에 갑자기 벼락이 치는 돌발적인 상황을 비유한 속담으로, 전혀 생각하지 못한 상황에 벼락처럼 닥치는 뜻밖의 상황을 이르는 말이에요.

사자성어 청천벽력

39 말이 씨가 된다

'씨'는 식물의 씨앗이 아니라 '원인'이라는 의미로, 늘 바라고 말하던 것이 현실이 되었을 때를 이르는 속담이에요. 무심코 하는 말이 현실이 된 상황으로, 긍정적인 말과 생각을 많이 하는 만큼 좋은 일이 생기는 건 당연한 일이겠죠?

- 드디어 내일이 토요일이다. 아싸!
- 우리 내일 뒷산에 곤충 잡으러 갈래?
- 재미있겠다.

- 그런데….
- 내일 비 오는 건 아니겠지?
- 날씨가 이렇게 좋은데, 웬 비?

40 말 한마디에 천 냥 빚도 갚는다

옛날 '천 냥'은 엄청나게 큰돈이었어요. 그렇게 어마어마한 액수의 빚을 말 한마디로 갚았다면, 말 한마디가 얼마나 중요한지 알겠지요? 이 속담은 말만 잘하면 어려운 일이나 불가능해 보이는 일도 해결할 수 있다는 뜻이에요.

41 모르면 약이요 아는 게 병

모르고 있는 것이 더 좋을 때가 있어요. 아무것도 모르면 몸과 마음이 편해 좋을 수 있지만, 무엇이나 좀 알고 있으면 이런저런 걱정이 많아 오히려 몸과 마음이 괴롭다는 뜻이에요.

비슷한 속담 모르는 것이 부처, 아는 것이 병

이번 축구 경기에서 꼭 이겨서 1반의 코를 납작하게 해 주자.

좋아!

너무한 거 아니야? 선수 명단에서 나만 쏙 빠졌잖아.

두아 넌 학원 가야 하잖아. 같이 연습할 시간이 없어서 뺀 거야.

42 목마른 놈이 우물 판다

물이 필요해서 우물을 파야 하는데 아무도 나서지 않는다면 어떻게 될까요? 결국 가장 목이 마른 사람이 우물을 팔 거예요. 이처럼 가장 절실하고, 제일 급하고, 꼭 필요한 사람이 스스로 그 일을 서둘러 하게 된다는 뜻이에요.

43 못 먹는 감 찔러나 본다

내 것이 아니라서 못 먹는 감을 다른 사람도 먹지 못하게 찌르는 못된 심보를 비유한 속담으로, 제 것으로 만들지 못할 바에야 남도 같이 못 쓰게 하려는 심술맞고 뒤틀린 마음을 뜻해요.

비슷한 속담 못 먹는 밥에 재 집어넣기

에구구, 아파라.

찹이야, 아이스크림 먹을래?

엄청 맛있겠지?

나 감기 걸렸어.

아이스크림 못 먹겠네. 네 것까지 사 왔는데.

아싸, 찹이 거까지 내가 다 먹어야지.

44 무쇠도 갈면 바늘 된다

단단한 철인 '무쇠'는 솥, 냄비 등을 만드는 재료예요. 반면 '바늘'은 아주 가늘지요. 단단하고 무딘 무쇠를 바늘로 만들려면 얼마나 큰 노력이 필요하겠어요? 이 속담은 꾸준히 노력하면 어떤 어려운 일이라도 이룰 수 있음을 의미해요.

45. 물에 빠진 놈 건져 놓으니까 내 봇짐 내라 한다

기껏 물에 빠진 사람 구해 주었더니 자신의 보따리를 건져 주지 않았다고 화내는 상황을 비유한 속담으로, 남에게 은혜를 입고서도 고마움을 모르고 오히려 생트집을 잡으며 화를 낸다는 의미예요.

비슷한 속담 물에 빠진 놈 건져 놓으니까 망건값 달라 한다

46 미꾸라지 한 마리가 온 웅덩이를 흐려 놓는다

깨끗하던 웅덩이에 미꾸라지 한 마리가 흙탕물을 일으켜서 웅덩이의 물을 온통 흐리게 한다는 뜻으로, 한 사람의 좋지 않은 행동이 집단이나 사회에 나쁜 영향을 미침을 비유한 속담이에요.

비슷한 속담 미꾸라지 한 마리가 한강 물을 다 흐리게 한다

춤추고

역시 소풍이 좋아!!

아싸! 노래하고

음식 맛이 꿀맛이야.

나와서 먹으니까 더 맛있다.

오늘 기분 최고다!

슬슬 날이 어두워지네. 집에 가자.

쓰레기는 저기 쓰레기통에 버리자.

헉

쓰레기통

47. 미운 아이 떡 하나 더 준다

미운 사람이 있으면 그 사람 때문에 내 몸과 마음이 힘들어요. 하지만 미운 사람일수록 더욱 관심을 가지면 언젠가는 좋은 관계가 될 수 있어요. 미운 사람일수록 잘해 주어 감정이 쌓이지 않게 해야 한다는 뜻이에요.

비슷한 속담 미운 사람에게는 쫓아가 인사한다

48. 믿는 도끼에 발등 찍힌다

매일 써서 익숙한 도끼에 상처를 입는다면 기분이 어떨까요? 이처럼 당연히 잘 되리라고 믿고 있던 일이 어긋나거나, 믿고 있던 사람의 배반으로 오히려 내가 손해를 입는 상황을 뜻하는 속담이에요.

비슷한 속담 믿던 발에 돌 찍힌다, 믿었던 돌에 발부리 채었다

49 밑 빠진 독에 물 붓기

'독'은 항아리와 비슷한 그릇이에요. 아랫부분이 깨진 독에 열심히 물을 부어도 독은 절대 채워지지 않지요. 이처럼 아무리 노력을 해도 보람 없이 헛된 일이 되는 상황을 의미하는 속담이에요.

비슷한 속담 시루에 물 퍼붓기, 한강에 돌 던지기

50 바늘 가는 데 실 간다

옷을 꿰맬 때는 바늘과 실이 꼭 있어야 해요. 이처럼 바늘이 가는 데 실이 항상 뒤따른다는 뜻으로, 사람 간의 긴밀한 관계, 절대 떨어질 수 없는 관계를 비유하는 속담이에요.

비슷한 속담 구름 갈 제 비가 간다, 봉 가는 데 황 간다

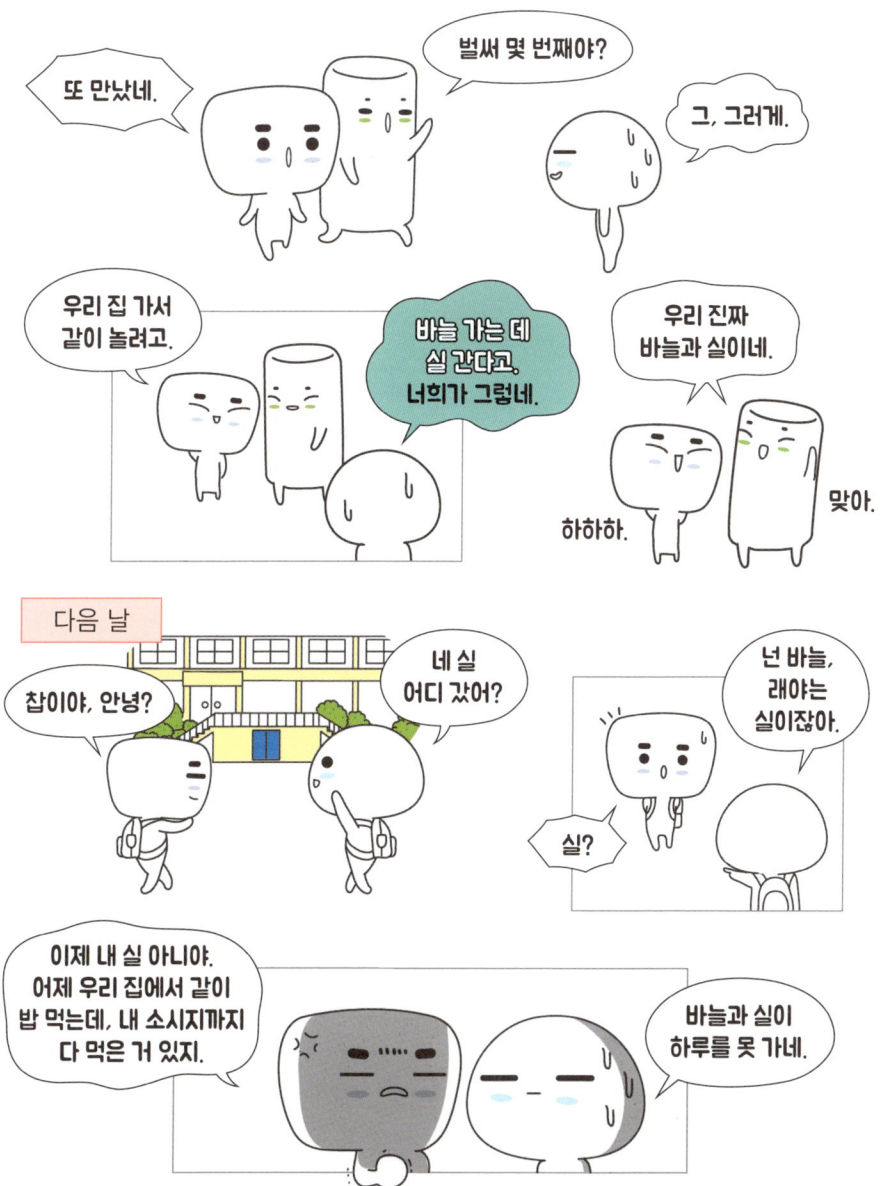

51 바늘 도둑이 소도둑 된다

바늘처럼 작고 사소한 것을 반복적으로 훔치다 보면 죄책감을 느끼지 못해 결국 소처럼 큰 것까지도 훔치게 된다는 뜻으로, 아무리 작은 일이라도 나쁜 행동을 자주 하다 보면 머지않아 큰 죄를 저지르게 됨을 의미하는 속담이에요.

비슷한 속담 바늘 쌈지(상자)에서 도둑이 난다

52 발 없는 말이 천 리 간다

여기서 '말'은 네 발 달린 말이 아니라 사람이 하는 말, 즉 '소문'을 의미해요. 사람이 하는 말에는 발이 없지만 순식간에 천 리까지 퍼진다는 뜻으로, 소문은 빨리 퍼지므로 항상 말조심해야 한다는 뜻이에요.

비슷한 속담 낮말은 새가 듣고, 밤말은 쥐가 듣는다

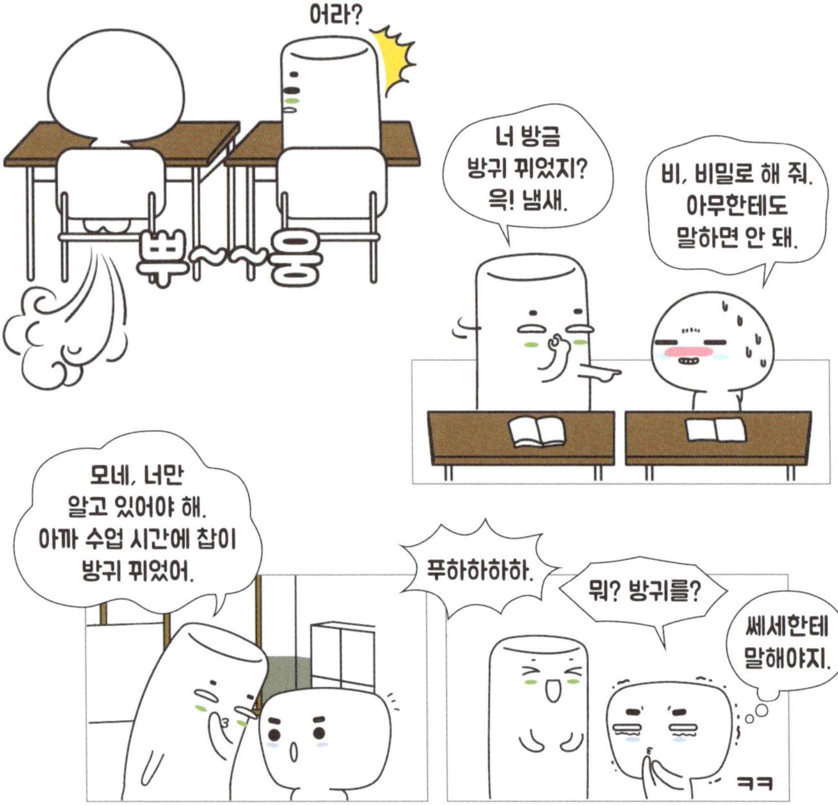

53 방귀 뀐 놈이 성낸다

여러 사람이 있는 곳에서 방귀를 뀌면 당사자는 상당히 민망할 거예요. 그런데 민망하다고 해서 오히려 화를 내면 어떨까요? 이처럼 잘못을 저지른 쪽에서 오히려 남에게 성냄을 비꼬는 말이에요.

비슷한 속담 똥 싸고 성낸다   **사자성어** 적반하장

54 배보다 배꼽이 더 크다

어떻게 배꼽이 배보다 더 클 수 있을까요? 작아야 할 것이 크고, 적어야 할 것이 많은 경우를 비유한 것으로, 기본이 되는 것보다 덧붙이는 것이 더 많거나 큰 경우를 비유하는 속담이에요.

비슷한 속담 발보다 발가락이 더 크다

55. 백지장도 맞들면 낫다

하얀 종이의 낱장을 뜻하는 '백지장'은 정말 가벼워서 한 손으로도 충분히 들 수 있지요. 이렇게 가벼운 종이 한 장도 함께 들면 더욱 가벼운 것처럼, 쉬운 일이라도 협력하면 훨씬 쉽다는 뜻이에요.

56 벼 이삭은 익을수록 고개를 숙인다

벼가 익으면 이삭이 무거워져 고개를 숙이는데, 그 모습이 마치 공손하게 인사하는 것처럼 보여요. 익을수록 고개를 숙이는 벼처럼 지식이나 교양이 높은 사람일수록 겸손하고, 자기를 내세우지 않는다는 속담이에요.

비슷한 속담 병에 찬 물은 저어도 소리가 나지 않는다.

57 벼룩도 낯짝이 있다

'낯짝'은 얼굴을 속되게 표현하는 단어로, 양심이나 체면 등을 의미해요. 몸길이가 1~3㎜로 작은 '벼룩'에게도 양심이 있는데, 하물며 사람이 체면이 없어서야 하겠느냐는 뜻으로, 잘못을 하고도 뻔뻔한 사람을 지적하는 속담이에요.

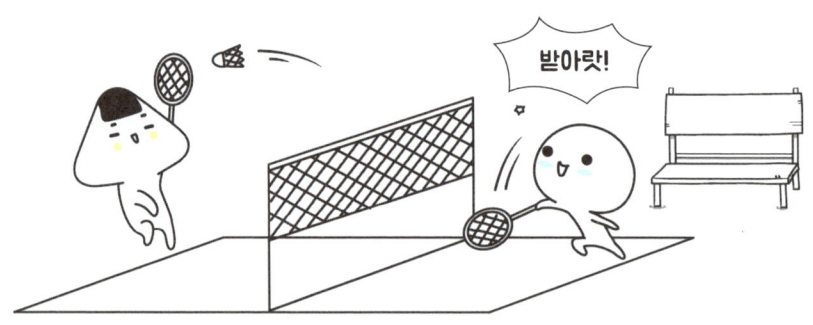

58 병 주고 약 준다

친구 때문에 내가 다쳤는데, 그 친구가 위로해 준들 기분이 금세 풀리겠어요? 이처럼 남을 상하게 하거나 아프게 하고는 약을 주며 위해 주는 척한다는 뜻으로, 교활하고 음흉한 행동을 비유한 속담이에요.

비슷한 속담 등치고 배 만진다

59 보고 못 먹는 것은 그림의 떡

그림 속의 떡이 맛있어 보여도 진짜 먹을 수는 없어요. 보고 있으면 군침이 돌아 더 배고프기만 하죠. 이처럼 아무리 갖고 싶어도 가질 수 없는 안타까운 상황을 표현하는 속담이에요.

비슷한 속담 그림의 호랑이, 그림의 선녀

60 빈 수레가 요란하다

짐을 싣는 수레에 짐이 가득하면 수레가 움직일 때 소리가 나지 않아요. 하지만 짐이 없으면 수레 굴러가는 소리가 요란하지요. 이처럼 실속 없는 사람이 겉으로 더 떠들어 댐을 비유하는 속담이에요.

비슷한 속담 속이 빈 깡통이 소리만 요란하다

61 빛 좋은 개살구

'개'는 '가짜'라는 의미로, '개살구'는 살구와 비슷하지만 떫은맛이 나서 먹을 수 없어요. 이처럼 겉보기에는 먹음직스러운 빛깔을 띠고 있지만 맛은 없는 개살구라는 뜻으로, 겉만 그럴듯하고 실속이 없는 경우를 의미하는 속담이에요.

62 사공이 많으면 배가 산으로 간다
63 서당 개 삼 년에 풍월을 읊는다
64 세 살 적 버릇이 여든까지 간다
65 소 잃고 외양간 고친다
66 쇠귀에 경 읽기
67 쇠뿔도 단김에 빼랬다
68 수박 겉 핥기
69 숭어가 뛰니까 망둥이도 뛴다
70 식은 죽도 불어 가며 먹어라
71 신선놀음에 도낏자루 썩는 줄 모른다
72 아니 땐 굴뚝에 연기 날까

73 아닌 밤중에 홍두깨
74 어물전 망신은 꼴뚜기가 시킨다
75 언 발에 오줌 누기
76 열 번 찍어 아니 넘어가는 나무 없다
77 오르지 못할 나무는 쳐다보지도 마라
78 우물 안 개구리
79 우물을 파도 한 우물을 파라
80 원수는 외나무다리에서 만난다
81 원숭이도 나무에서 떨어진다
82 윗물이 맑아야 아랫물이 맑다
83 입에 쓴 약이 병을 고친다

62 사공이 많으면 배가 산으로 간다

배 한 척에 여러 명의 사공이 타고 있으면 서로 자기가 가고 싶은 방향으로 배를 몰려고 할 거예요. 그러면 배는 엉뚱한 곳으로 가겠지요. 이 속담은 여러 사람이 자기 주장만 내세우면 일이 제대로 될 수 없다는 의미를 담고 있어요.

63 서당 개 삼 년에 풍월을 읊는다

삼 년 동안 매일 글 읽는 소리를 듣다 보면 개도 글 읽는 소리를 낸다는 뜻으로, 지식이 전혀 없는 사람이라도 그 부문에 오래 있으면 지식과 경험을 갖게 된다는 속담이에요.

비슷한 속담 독서당 개가 맹자 왈 한다

64 세 살 적 버릇이 여든까지 간다

사소한 버릇이라도 한번 몸에 배면 고치기 힘들어요. 이처럼 어릴 때 잘못 들인 버릇은 늙어서도 고치기 힘들다는 뜻으로, 어릴 때부터 나쁜 버릇이 들지 않도록 항상 조심해야 한다는 속담이에요.

65 소 잃고 외양간 고친다

주로 농사를 짓던 옛날에는 소가 중요한 동물이었어요. 그렇게 귀한 소를 잃은 후에야 외양간을 고치느라 수선떤다는 뜻으로, 일이 잘못된 뒤에는 손을 써도 소용이 없음을 비꼬는 속담이에요. 후회하지 않도록 미리 준비하는 자세가 필요해요.

비슷한 속담 말 잃고 외양간 고친다, 도둑맞고 사립 고친다

66 쇠귀에 경 읽기

소의 귀에 대고 열심히 불경을 읽어도 소는 불경을 전혀 알아듣지 못해요. 이처럼 아무리 가르치고 일러도 알아듣지 못하거나 가르친 효과가 없는 경우를 이르는 속담이에요.

비슷한 속담 말 귀에 염불, 쇠코에 경 읽기 **사자성어** 우이독경

래야야, 내가 예쁘게 옷 개는 법 알려 줄게.

자~, 이렇게 한쪽 팔을 먼저 접고

나머지 팔도 접어서

이렇게 접으면 끝! 어때? 쉽지?

어떻게 한다고? 다시 한번 보여 줘 봐.

어려워!

67 쇠뿔도 단김에 빼랬다

'단김'은 열기가 식지 않음을 의미해요. 든든히 박힌 소의 뿔을 뽑으려면 불로 달구었을 때 바로 해치워야 한다는 뜻으로, 하기로 마음먹었을 때 망설이거나 미루지 말고 곧바로 행동으로 옮겨야 한다는 속담이에요.

68 수박 겉 핥기

수박을 먹는다는 것은 빨간 속을 먹는 거잖아요. 수박 겉을 핥는다고 맛이 날까요? 이 속담은 맛있는 수박을 먹는데 딱딱한 겉만 핥고 있다는 뜻으로, 사물의 속 내용은 모르고 겉만 건드리는 일을 비유하는 속담이에요.

비슷한 속담 꿀단지 겉 핥기

69 숭어가 뛰니까 망둥이도 뛴다

크기가 작은 망둥이는 물 위로 못 뛰지만, 힘이 좋은 숭어는 높은 곳까지 뛸 수 있어요. 그런 숭어가 부러운 망둥이가 숭어를 따라 뛰려 해도 뛸 수 없어요. 이 속담은 제 처지는 생각하지 않고 나보다 나은 사람을 무조건 따라 하는 행동을 비유해요.

비슷한 속담 망둥이가 뛰면 꼴뚜기도 뛴다

70 식은 죽도 불어 가며 먹어라

뜨거운 죽을 먹는 것은 힘들지만 다 식은 죽을 먹는 것은 아주 쉬워요. 그런데 이 식은 죽도 다시 불어 가며 먹으라는 말은 아주 쉬운 일이라도 여러 번 확인하여 꼼꼼하게 하는 것이 안전하다는 의미를 담고 있어요.

71 신선놀음에 도낏자루 썩는 줄 모른다

나무꾼이 신선들이 바둑 두는 것을 보다가 정신을 차려 보니 세월이 덧없이 흘러 도낏자루가 다 썩었다고 해요. 이처럼 재미있는 일에 정신이 팔려 시간 가는 줄 모르는 경우, 또는 해야 할 일을 잊고 어떤 놀이에 집중하는 경우를 비유한 속담이에요.

72 아니 땐 굴뚝에 연기 날까

굴뚝은 연기가 빠져나가는 통로로, 아궁이에서 불을 때야 굴뚝에서 연기가 나요. 불을 때지 않았는데 굴뚝에서 연기가 날 수 없지요. 이처럼 원인이 없으면 결과도 없음을 의미하는 속담으로, 소문에는 반드시 원인이 있다는 뜻이에요.

비슷한 속담 아니 때린 장구 북소리 날까, 뿌리 없는 나무에 잎이 필까

73 아닌 밤중에 홍두깨

'아닌 밤중'은 '뜻하지 않은 밤중'을 의미해요. 뜻하지 않은 밤중에 누군가가 몽둥이처럼 생긴 홍두깨를 들이댄다면 무척 놀라고 당황스러울 거예요. 이 속담은 예상치 못한 상황이나 별안간 엉뚱한 말이나 행동을 하는 것을 의미해요.

비슷한 속담 그믐밤에 홍두깨 내민다

74. 어물전 망신은 꼴뚜기가 시킨다

'어물전'은 일종의 생선 가게이고, 꼴뚜기는 다소 못생긴 물고기예요. 못난 꼴뚜기 때문에 생선들이 망신당한다는 속담으로 못난 사람일수록 동료를 망신시킨다는 뜻이에요.

비슷한 속담 과일 망신은 모과가 시킨다

75 언 발에 오줌 누기

발이 얼었을 때 오줌을 누면 언 발이 녹아요. 하지만 금세 오줌이 얼어 전보다 더 추워지지요. 언 발을 녹이려고 오줌을 누어 봤자 효력이 없는 것처럼, 임시변통은 될지 모르나 효력이 오래가지 못하고, 결국 더 나빠짐을 비유하는 속담이에요.

지금이 몇 시지?

모네야, 시계 고장 났나 봐.

이거 또 고장이네.

이런 적 있었어?

후훗, 고치는 방법이 있지.

어떻게?

76 열 번 찍어 아니 넘어가는 나무 없다

크고 굵은 나무라도 반복해서 찍다 보면 결국 넘어가요. 이처럼 어려움이 있어도 끊임없이 노력하면 원하는 결과를 얻을 수 있다는 의미로, 아무리 뜻이 굳은 사람이라도 여러 번 권하거나 달래면 마음이 움직인다는 속담이에요.

사자성어 십벌지목

77 오르지 못할 나무는 쳐다보지도 마라

처음부터 능력 밖에 있는 나무를 쳐다보지 말고 자신에게 맞는 나무부터 오르라는 뜻으로, 능력 이상의 불가능한 일에 욕심내지 말고 자신의 분수에 맞고 능력에 맞는 일을 하라는 속담이에요.

78 우물 안 개구리

우물 안에 사는 개구리는 우물 안이 세상 전부이고, 우물 안에서 보이는 하늘이 전부라고 생각하지요. 이렇게 우물 안에 사는 개구리처럼 넓은 세상을 알지 못하는 사람이나 식견이 좁아 저만 잘난 줄 아는 사람을 비꼬는 속담이에요.

79 우물을 파도 한 우물을 파라

옛날에는 땅을 파서 우물을 만들었어요. 여기 조금, 저기 조금 파면 물이 나오지 않아요. 한 곳을 깊이 파야 물이 나오지요. 이처럼 일을 많이 벌이거나, 하던 일을 자주 바꾸면 성과가 없으니 한 가지 일을 끝까지 해야 성공한다는 속담이에요.

> 찹이 너 어디 갔다 와?

> 미술 학원.

> 지난주에 피아노 학원 갔잖아.

> 피아노 실력이 안 늘더라고. 미술 학원 다니면 그림을 잘 그릴 거 같아서.

긁적 긁적

> 그런데 너 얼마 전에는 영어 학원 다니지 않았어?

……

> 응. 영어가 너무 어려워서 힘들더라고.

80 원수는 외나무다리에서 만난다

사이가 좋지 않은 사람을 외나무다리에서 만나면 피할 곳이 없어 어쩔 수 없이 정면으로 마주해야 해요. 이처럼 싫어하는 대상이 있다면 언젠가는 피할 수 없는 곳에서 만나게 된다는 속담으로, 누군가와 원수가 되지 않도록 해요.

비슷한 속담 외나무다리에서 만날 날이 있다

원숭이도 나무에서 떨어진다

이 나무 저 나무 옮겨 다니는 원숭이는 나무타기의 달인이에요. 이런 원숭이가 나무에서 떨어질 때가 있다면 어떨까요? 아무리 익숙하고 능숙하게 잘하는 사람이라도 실수할 때가 있음을 표현한 속담이에요.

비슷한 속담 닭도 홰에서 떨어지는 날이 있다

82. 윗물이 맑아야 아랫물이 맑다

위쪽의 물이 흐리면 아래쪽으로 흐르는 물도 금세 흐려지고 지저분해져요. 사람도 똑같아요. 윗사람이 잘하면 아랫사람도 따라서 잘하게 되지요. '윗물'은 부모를, '아랫물'은 자식을 뜻해 부모가 잘해야 자식들도 바르게 행동한다는 뜻이에요.

83 입에 쓴 약이 병을 고친다

맛있는 음식은 얼마든지 많이 먹을 수 있는데, 몸에 좋은 약은 써서 삼킬 수가 없어요. 충고도 그래요. 좋은 충고라도 막상 들으면 기분이 좋지 않지요. 이 속담은 나에게 유리한 충고나 비판은 듣기 싫지만, 달게 들으면 이롭다는 뜻이에요.

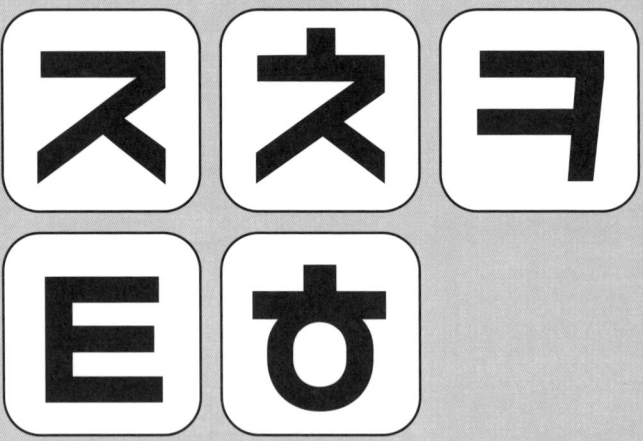

84 자라 보고 놀란 가슴 솥뚜껑 보고 놀란다
85 작은 고추가 더 맵다
86 재주는 곰이 넘고 돈은 주인이 받는다
87 쥐구멍에도 볕 들 날 있다
88 지렁이도 밟으면 꿈틀한다
89 짚신도 제짝이 있다
90 참새가 방앗간을 그저 지나랴
91 천 리 길도 한 걸음부터
92 콩 심은 데 콩 나고 팥 심은 데 팥 난다
93 콩으로 메주를 쑨다 하여도 곧이듣지 않는다
94 티끌 모아 태산
95 하늘이 무너져도 솟아날 구멍이 있다
96 하룻강아지 범 무서운 줄 모른다
97 호랑이도 제 말 하면 온다
98 호미로 막을 것을 가래로 막는다
99 호박이 넝쿨째로 굴러떨어졌다
100 황소 뒷걸음치다 쥐 잡는다

84 자라 보고 놀란 가슴 솥뚜껑 보고 놀란다

자라와 솥뚜껑은 얼핏 보면 비슷해요. 그래서 자라 보고 놀란 사람은 자라와 비슷한 솥뚜껑을 보고도 놀란다는 뜻으로, 어떤 사물에 몹시 놀란 사람은 그 사물과 비슷한 것만 봐도 놀란다는 뜻이에요.

비슷한 속담 뜨거운 물에 덴 놈 숭늉 보고도 놀란다

85 작은 고추가 더 맵다

작은 고추가 더 단단하고 야무지다는 뜻으로, 몸집은 작지만 재주가 뛰어나고 야무진 사람을 비유하는 속담이에요. 이젠 작다고 무시하면 안 되겠죠?

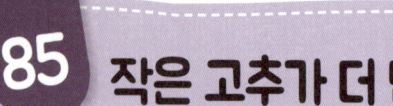

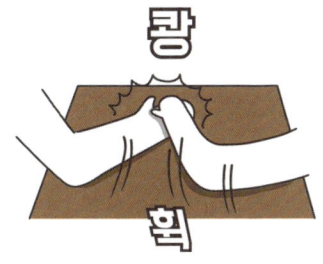

86 재주는 곰이 넘고 돈은 주인이 받는다

서커스를 보면 온갖 재주는 곰이 부리는데, 돈은 주인이 챙기지요. 고생은 곰이 했는데 주인이 이익을 보면 곰은 얼마나 억울하겠어요? 이처럼 수고하여 일한 사람은 따로 있고, 그 일에 대한 보수는 다른 사람이 받는다는 뜻이에요.

87 쥐구멍에도 볕 들 날 있다

쥐들이 들락날락하는 작은 구멍인 '쥐구멍'은 워낙 크기가 작아 볕이 들지 않아요. 이렇게 작고 어두운 구멍에 환한 볕이 드는 것처럼, 아무리 고생이 심해도 언젠가 좋은 날이 온다는 뜻이에요.

비슷한 속담 개똥밭에 이슬 내릴 때가 있다, 고랑도 이랑 될 날 있다

88 지렁이도 밟으면 꿈틀한다

지렁이도 살아 있는 동물이에요. 아무리 하찮아 보여도 사람이 밟으면 고통에 꿈틀거려요. 이처럼 미천하거나 순하고 좋은 사람이라도 업신여기면 가만있지 않는다는 말이에요.

비슷한 속담 굼벵이도 밟으면 꿈틀한다, 참새가 죽어도 짹 한다

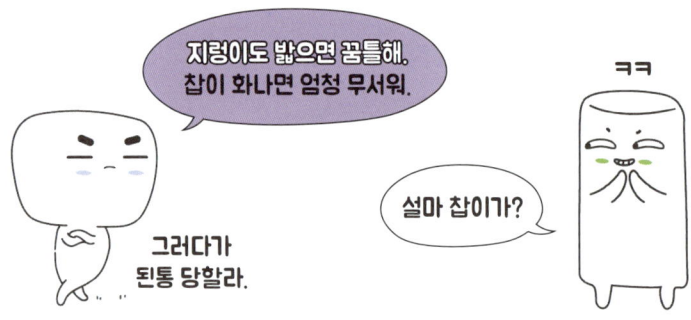

89 짚신도 제짝이 있다

옛날 사람들의 신발인 '짚신'은 볏짚을 꼬아 만들었어요. 짚신은 주로 서민들이 신었던 신발로, 흔하고 보잘것없었어요. 이런 짚신도 짝이 있다는 표현으로, 보잘것없는 사람도 제짝이 있다는 뜻이에요.

비슷한 속담 헌 고리(짚신)도 짝이 있다

90 참새가 방앗간을 그저 지나랴

곡식 알갱이를 좋아하는 참새가 곡식으로 가득 찬 방앗간을 그냥 지나갈 수는 없지요. 이처럼 자기가 좋아하는 곳을 그대로 지나치지 못하거나, 욕심 많은 사람이 자기에게 이익이 되는 것을 보면 가만있지 못한다는 뜻이에요.

91 천 리 길도 한 걸음부터

'천 리'는 약 400㎞ 정도 되는 아주 먼 거리예요. 그 먼 거리를 가기 위해서는 얼마나 많은 날을 걸어야 했을까요? 먼 거리를 가기 위해서는 처음부터 한발 한발 꾸준히 걸어야 한다는 뜻으로, 어떤 일이든 시작이 중요하다는 뜻을 담고 있어요.

난 이렇게 멋진 모래성을 만들 거야.

이제 한 삽 퍼 놓고 언제 그렇게 큰 성을 짓냐?

하하하 하하하

이 작은 한 삽이 거대한 모래성을 만드는 거야.

자신 만만

우린 수영하러 가자.

잘 놀고 와. 난 멋진 성을 만들고 있을게.

92 콩 심은 데 콩 나고 팥 심은 데 팥 난다

콩을 심었는데 콩이 나는 것이 당연하고, 팥을 심었으니 팥이 나는 게 당연하죠. 이렇듯 모든 일은 원인에 따라 그에 맞는 결과가 나타남을 이르는 말로, 결과는 원인에 의해 생긴다는 속담이에요.

비슷한 속담 대 끝에서 대가 나고 싸리 끝에서 싸리가 난다

뽀기야, 독후감 상 탄 거 축하해.

독후감 상은 뽀기가 다 타는 거 같아.

그만큼 책을 많이 읽잖아. 시간만 나면 책 읽더라.

고마워. 우리 집에 놀러 갈래?

좋아!

들어와!

93 콩으로 메주를 쑨다 하여도 곧이듣지 않는다

된장, 고추장을 만드는 재료인 메주는 콩으로 만들어요. 이렇게 당연한 사실을 안 믿는다는 것은 거짓말을 자주 해서 아무리 사실을 말해도 믿지 않는다는 뜻이에요. 도무지 남의 말을 믿지 않는다는 뜻도 있어요.

비슷한 속담 소금으로 장을 담근다 해도 곧이듣지 않는다

94 티끌 모아 태산

'티끌'은 아주 작은 먼지이고, '태산'은 엄청 큰 산이에요. 먼지처럼 작은 것이라도 모이고 모이면 태산처럼 큰 덩어리가 된다는 속담으로, 차근차근하면 어떤 일이든 이룰 수 있다는 뜻이에요.

비슷한 속담 모래알도 모으면 산이 된다, 실도랑 모여 대동강이 된다

95 하늘이 무너져도 솟아날 구멍이 있다

하늘이 무너져도 살 수 있는 방법이 있다는 뜻으로, 아무리 어려운 상황에 부닥치더라도 분명 살아 나갈 방도가 생긴다는 속담이에요. 포기하지 않으면 분명 잘 될 거예요.

비슷한 속담 사람이 죽으란 법은 없다, 죽을 수가 닥치면 살 수가 생긴다

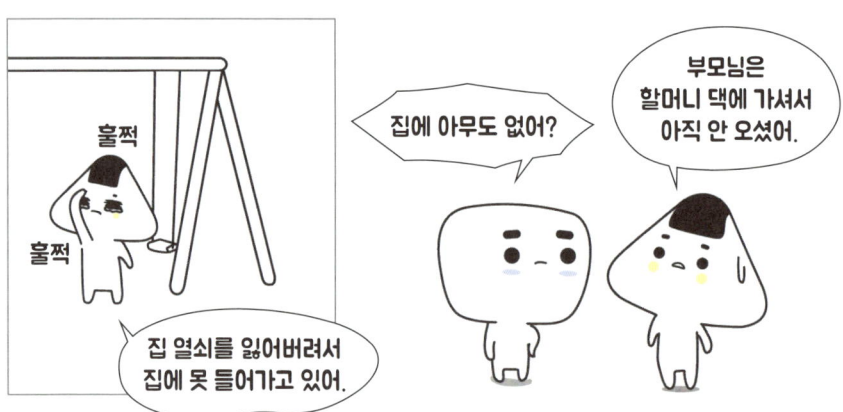

96 하룻강아지 범 무서운 줄 모른다

갓 태어난 '하룻강아지'는 호랑이를 본 적이 없어서 호랑이가 무서운지 몰라요. 이처럼 경험이 적거나 지식이 얕은 사람이 겁날 것이 없어 철없이 함부로 덤비는 경우를 비유한 속담으로, 자기 분수를 모르고 함부로 상대에서 덤비는 상황에 사용해요.

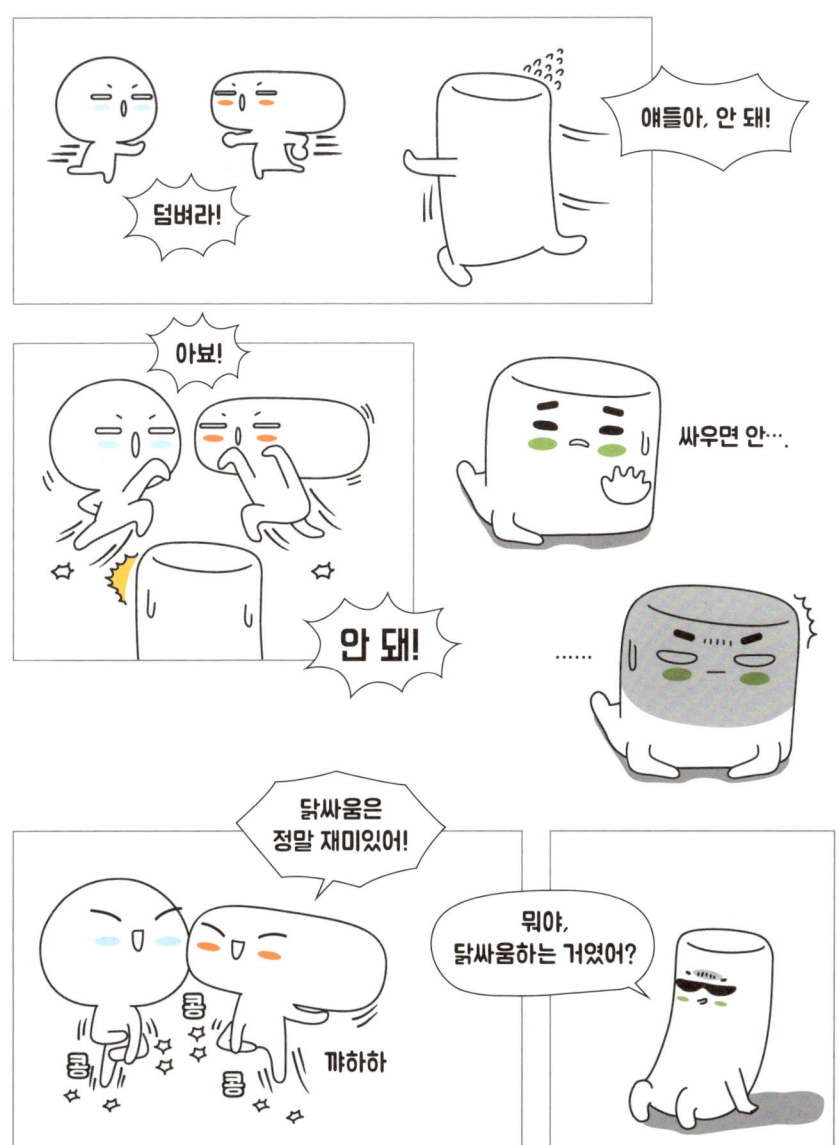

97 호랑이도 제 말 하면 온다

깊은 산에 있는 호랑이도 자기 이야기하면 온다는 뜻으로, 어떤 사람에 관해 이야기하는데 그 사람이 딱 나타나는 상황을 표현한 속담이에요. 이렇듯 어디서든 그 사람이 없다고 해서 흉을 보면 안 되겠죠?

98. 호미로 막을 것을 가래로 막는다

작은 호미로 할 수 있는 일을 가래(흙 파는 농기구)를 사용한다는 뜻으로, 적은 힘으로 충분히 처리할 수 있는 일에 쓸데없이 많은 힘을 들이는 경우, 혹은 작은 일을 내버려뒀다가 나중에 큰 힘을 들이게 된 경우를 비유한 속담이에요.

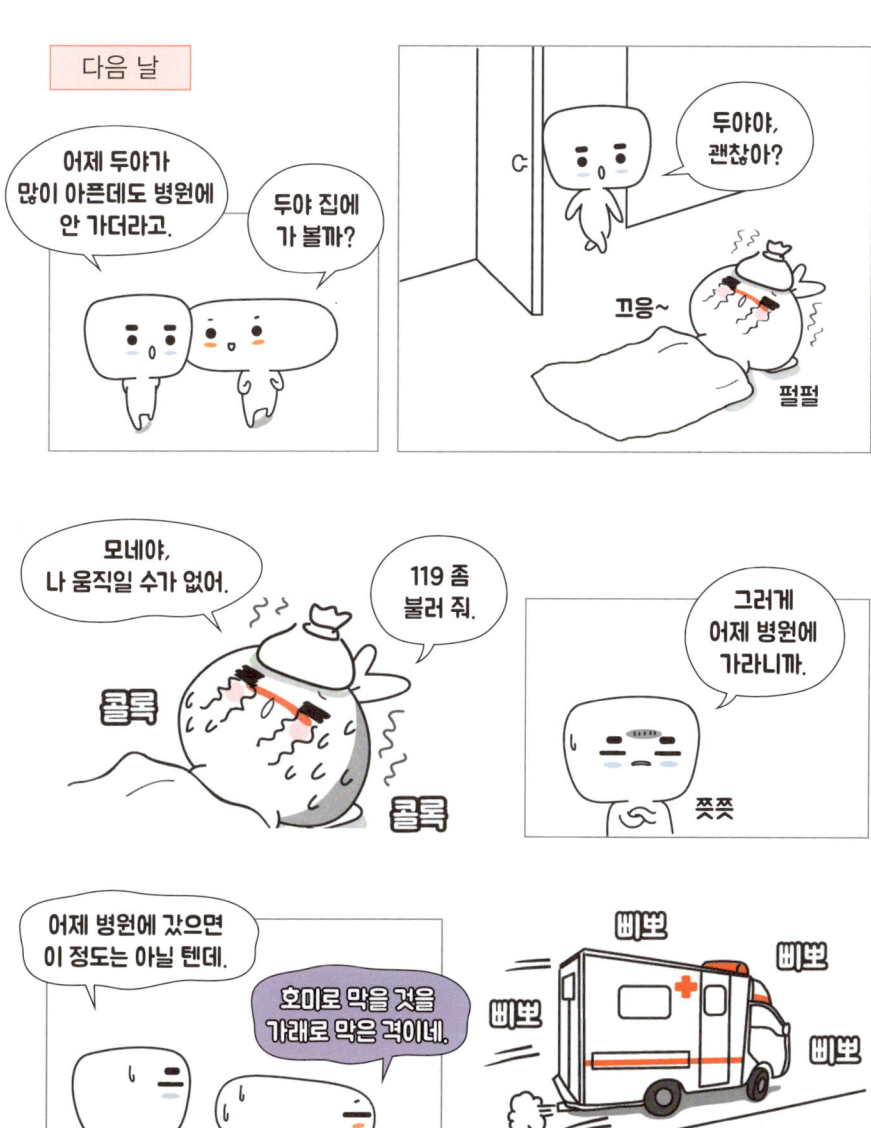

99 호박이 넝쿨째로 굴러떨어졌다

호박은 하나도 버릴 게 없어요. 줄기와 잎, 열매 모두 먹을 수 있지요. 이런 호박이 한두 개도 아니고 넝쿨째 들어왔다면, 이만한 행운이 없겠죠? 이처럼 뜻밖에 좋은 물건을 얻거나 행운을 만난다는 뜻이에요.

비슷한 속담 아닌 밤중에 찰시루떡

100 황소 뒷걸음치다 쥐 잡는다

예로부터 소는 우직한 동물로 여겼어요. 또, 기운이 세거나 어리석은 사람을 소에 비유하기도 했지요. 이 속담은 미련한 소가 뒤로 물러서다가 쥐를 밟아서 잡았다는 의미로, 어쩌다 우연히 이루거나 알아맞힘을 비유해요.

비슷한 속담 황소 뒷걸음에 잡힌 개구리

3판 28쇄 2025년 9월 2일
초판 1쇄 2017년 10월 30일

글·그림 한날

펴낸이 정태선
펴낸곳 파란정원
출판등록 제395-2010-000070호
주소 서울특별시 은평구 가좌로 175, 5층
전화 02-6925-1628 | **팩스** 02-723-1629
제조국 대한민국 | **사용연령** 8세 이상 어린이
홈페이지 www.bluegarden.kr | **전자우편** eatingbooks@naver.com
종이 다올페이퍼 | **인쇄** 조일문화인쇄사 | **제본** 경문제책사

글·그림ⓒ2017 한날
ISBN 979-11-5868-125-8 73710

이 책은 저작권법에 따라 보호받는 저작물이므로 무단 전재와 무단 복제를 금지하며,
이 책 내용의 전부 또는 일부를 이용하려면 반드시 저작권자와 파란정원(자매사 책먹는아이·새를기다리는숲)의 동의를 얻어야 합니다.
*잘못된 책은 구입하신 서점에서 바꿔 드립니다.